AF192623

Inefable

Inefable

Kevin Ibáñez Pasarrius

TEXTOS
Kevin Ibáñez Pasarrius

PORTADA
Lily Vainylla (@lilyvainylla_)

MAQUETACIÓN
Andrea Gómez Expósito

NÚMERO DE EDICIÓN
Primera

EDICIÓN
Postdata Ediciones

ISBN
978-84-19411-65-5

DEPÓSITO LEGAL
V-490-2024

PRÓLOGO

Entremos de lleno en el isagoge.

¿Cómo un libro va a ser llamado inefable?

Si el significado concreto de este concepto es, y cito textualmente: "que no puede ser expresado con palabras".

Pues, por esto, aquí empieza el reto, voy a intentar llevaros por este recorrido.

Un recorrido que engloba tanto conceptos abstractos que siempre me han representado como mi propia y particular visión de la sociedad.

Siguiendo este recorrido llegamos a un punto donde abordo un litigio constante de las emociones y sentimientos, sentimientos que con el tiempo se han transformado o adulterado cambiando nuestra forma de ser en muchas de las ocasiones.

Veréis la interpretación que hago de nuestra conexión con los animales, nuestros parecidos y nuestros instintos más primarios. Todo esto pasando por nuestras etapas vitales, del resurgir de la vida hasta la marchita muerte... Y, por supuesto, algo que no podía dejar fuera... El Arte... Arte en todas sus vertientes y sus formas.

¿Podré describiros todo esto con palabras? ¿Seré capaz con esta herramienta de expresión que es para mí la escritura, la que lleva media vida literalmente conmigo, de contaros lo que veo, siento, lo que me parece y no correcto?

Pues eso es algo que te toca descubrir a ti...

Sólo te pido que lo disfrutes, que si estás de acuerdo con mucho de lo dicho, genial. Y que si no lo estás, mucho mejor.

Porque, al final, mi visión no será la tuya y quiero que pienses, que discrepes y que seas capaz de extraer tus propias conclusiones.

Ya que la vida es esto, la vida es algo indescriptible, la vida es INEFABLE.

CAPÍTULO 1

Abstracta-mente

SINESTESIA

Inspiro, cojo aire y de repente me viene un olor, un olor muy fuerte, el olor de una imagen.

Una imagen en la que tú estás junto a mí...en la que observo y veo tu voz.

Escucho tu mirada, aquella que callada habla.

Y ya no dice nada... No sé si son mis dramas, mis problemas o que me estoy volviendo loco...

Sólo sé una cosa... Una nada más....y es que sabes a lo mismo que cuando te toco.

RAQUIS

Sujetas mi cuerpo y mi mente.
Eres mi columna vertebral.
Columna musical, de las notas que forman a este ser.
Unes la escritura con la instrumental.
El raciocinio con la parte visceral.
Eres una parte ósea, una parte física explicada en anatomía.
Pero, cuando hablo de ti de forma metafórica,
todo cambia…
discurres entre una forma átona y una forma tónica.
Te conviertes en la música, mi sustento del sostenimiento
racional.
Te conviertes en la unión de las vértebras, en mi escala
pentatónica.

PETRICOR

Petricor, la lluvia y su olor.
La tierra mojada a mi alrededor.
Gotas que se deslizan por cada hoja de ese follaje.
Gotas, que me transportan a otro lugar...
me trasladan a otro viaje.
Con la pureza de la naturaleza y su lenguaje.

Sonido fuerte que arrecia contra mi ventana
y hace que abra mis párpados.
Truenos y relámpagos, rayos y retruécanos.
De lo maravilloso somos huérfanos.
Ya que vivimos pendientes del momento, de lo efímero.

Sin pararnos a pensar en lo que de verdad importa.
Me siento un loco, mientras veo llover y cuento cada gota.
Un manto de agua que me tapa la vista
y hace que me observe a mí mismo.
Un ruido dentro de mí, tan estridente como si fuese un
seísmo, un seísmo que mueve el epicentro de mi vida.

EXULANSIS

¿Si hablo de lo que significa esto para mí, de verdad me entenderán? Renuncio a decir muchas cosas que mi cabeza macera; hoy me defino como el vagabundo de las letras que con nadie conecta, ya que nadie entiende estas experiencias. Ni las idas y venidas ni las vueltas a las citadas referencias.

Loco incomprendido, sabio enmudecido
que sabe lo que piensa pero no puede decirlo
exulansis en su esencia es lo que significa este libro
en el que veis lo que he visto, en el que siento y me describo
en el mismo que ves las palabras pero que sin ellas lo has leído
escritos por mi recorrido
recorridos sin estar descritos.

Y esto es una cita conmigo mismo
donde yo pongo la vista y tu el oído.
¿Ves como nada tiene sentido?
Pues así es exulansis, como soy, como vivo,
un alter ego con quien me cito.

OXÍMORON

Hoy atravieso un instante tan eterno en el que parece que sueño despierto donde una luz tan oscura alumbra las verdaderas mentiras de las que salgo ileso, estando muerto en vida. Y lo único que hace que continúe en pausa es escuchar de fondo una melodía, la melodía de una música callada que abarca mi soledad sonora donde el silencio propaga sus esporas como el paso lento del tiempo y sus horas.

Me siento y escribo para paliar mis altibajos, mis momentos buenos y los malos como si fuese un dulce amargo, aquí lo plasmo… en un papel duro, como un témpano de hielo abrasador o en un débil mármol de fuego helado.

A veces me encuentro en dos mismos estados
y la sencilla complejidad se trata en intentar explicarlos
de detenerse hacia el futuro y correr en el pasado
llegando al punto medio de mi agitada calma
donde me llaman sol negro, donde me llaman luna soleada.

METANOIA

Experimenté un cambio, desde hace solo unos años,
dejé de ser uno más, cambió aquel yo de antaño,
empecé a rechazar aquello que me mermaba
y me hacía daño,
escalera de caracol donde se suben de forma lenta los
peldaños.

Todo viene por el poder de la mente, los hábitos, el esfuerzo y
el atajar los problemas de frente.
Expresa lo que sientes,
saca la verdad con la que a veces te mientes.

Fue la madurez emocional la que marcó el punto de inflexión,
dando lugar a un animal salvaje rompiendo su caparazón,
esquivando la razón de la sinrazón que me hacía ser yo,
un yo que se veía y se decía no eres tú, sino tu peor versión.

Escapé de mi propia cámara de las torturas
donde yo era el verdugo y la víctima.
Solo con estas dos formas…
la escritura como forma de plasmar mis locuras
el deporte como forma de evasión y autocura.

Cambié la tortura psicológica y la tortura física
por poner nuevos límites y dejar a la duda sin la duda
el día que ella se manifestó de una forma onírica
sabias palabras de una inteligencia muda.

MERAKI

No hay placer más deseoso que escribir estas líneas donde me desnudo emocionalmente ante miradas furtivas y es que una rima me da la vida, madre metafórica que hace que siga, sacas lo peor y lo mejor de mí, el odio y el amor con el que me cuidas.

Si se trata de expresar lo que siento, tú seras mi forma hasta mi desfallecimiento.

Eres como para un pintor un blanco lienzo, como para una relación de amor, el más bonito de los comienzos; cómo decirte lo que siento si las palabras se las lleva el viento y los escritos son el juguete que muerdo con mi alma de perro.

Juego y te desecho, te busco porque te echo de menos,
me voy pero siempre vuelvo
y ahí siempre estás tú
me das mi máxima libertad siendo una forma de esclavitud.

El amor que te profeso es mi continuo proceso de maduración no hay nada más puro, nada más puro que vernos desnudos a solas en mi habitación. Donde yo te toco y no te encuentro donde el comienzo lo marca el escritor.

KALOPSIA

Llamaremos kalopsia a la oxitocina que produce nuestro cerebro, en el proceso de enamoramiento.
Ilusión o apariencia que empaña nuestros ojos
ante la mirada del conocimiento
aquello que ha sido transformado cognitivamente
cuando creíste haber visto algo bello.

¿Qué es kalopsia?
kalopsia es la magia que te miente,
pero atraído te sientes igualmente
ilusionismo en su punto más álgido donde los peces vuelan libremente y las aves nadan a contracorriente.

Un atardecer en su máximo esplendor, un arcoíris mostrando su color, un eclipse donde se esconde nuestro sol o las gotas de lluvia en tu ventana que bailan libremente.

Kalopsia será nuestro nuevo planeta donde lo imposible es posible, donde lo posible es plausible y hasta nos creemos invencibles un planeta donde todo es intangible menos para nuestra mente.

CONTICINIO

Os voy hablar de mi nuevo vaticinio
de que se compone este conticinio
el mismo que veo cuando voy por la calle
u observo a través de un vidrio.

Oscura noche donde el silencio impregna el ambiente
donde se perdió el bullicio de la gente
y oyes hasta el eco de tu respiración,
los latidos de tu corazón
y la luna es tu mayor confidente.

Túmbate, relájate y observa las estrellas,
la oscuridad y el silencio te ofrecen su entrega
y son los detalles los que marcan su grandeza.

Libera tu mente, es el momento de escapar,
de parar a pensar, de atreverte con eso que dijiste ¡jamás!
En el conticinio es donde el taciturno encuentra su hogar
donde el noctámbulo es feliz de verdad.

¿Que tendrá la noche que nos atrapa?
La noche es calma, es poesía, es magia.
La noche es donde el alma se libera del cuerpo
y el cuerpo alcanza la paz.

JOUSKA

Me preguntaste pero no te respondí
y cuando te respondí ya no te encontré.
¿Perteneces a mi cabeza o estás fuera de mí?
¿Hablo conmigo, contigo o con él?

Pues ya no lo sé, todo es una hipótesis;
no sé ni el porqué de todo esto, si solo es una mera síntesis.
Un compendio de pensamientos que se arrojan de forma fácil
una compulsiva obsesión, mi conversación más difícil.

Te repites y no avanzo
ya no me permites ni el descanso
aunque me grites, hago oídos sordos
y en cambio ya no puedo escuchar ni a mi entorno.

Pensamiento intrusivo que cada vez coge más fuerza
si siempre me dices lo mismo
¿por qué no permito que desaparezcas?
De ti no me libro porque estás dentro de mi cabeza,
eres la locura más duradera en el efímero hemisferio
donde se encuentra mi clarividencia.

CAPÍTULO 2

Oculi mei

MODERNA ESCLAVITUD

Atados con cadenas y grilletes invisibles.
Controlados por los medios que nos hacen vivir a la mitad de nuestras posibilidades.
Sumisos de la ignorancia y adueñados de la verborrea.
Aquella que nos hace hablar sin pensar, sin parar a pensar en nuestras cualidades.

Esclavitud moderna detrás de la pantalla, dentro de una red social, realidad virtual que nos atrapa, nos ensalza para mal y nos daña.

Se hizo fuerte la cobardía y débiles los valores.
Supimos aprender para ser mejores y empeorar para desaprender de nuestros errores.
Ya no quedan nobles corazones, solo jóvenes clones sin personalidad alguna.

Inseguros del futuro que no conciben ni la más mínima duda...
No dudan por no equivocarse y se equivocan al no dudar de sus acciones.
Esclavos de nuestros aciertos y de sueños que se cumplieron y no supimos afrontar por miedo.

BELLEZA

La belleza no reside en un mero físico.
Ni en lo ojos que la contemplan.
La belleza no es algo tácito.
Ya que a veces es solo una idea.
Una puesta de sol, un amanecer son los paisajes que nos
alimentan.

Subjetivo el pensamiento que te procesa.
Hoy te encuentras a expensas de lo idílico.
Para mí, resides en la poesía, en la unión de las palabras de un
modo lírico.
Belleza eres tú, belleza soy yo.
Belleza es todo lo que nos rodea.
Belleza sin necesidad de arquetipo.

INVIDENTE JUSTICIA

Te vi corriendo, saliendo de aquel lugar, con las maletas llenas de dinero.
Huiste y no miraste atrás...
Te dio igual, la inocencia de aquella persona.
Corriste con zapatos de oro pero, aunque sean muy valiosos también te ofrecen un peso muerto.

Pero no te equivoques, el peso muerto de tu conciencia es quien no te deja escapar.
Es ella, la que siempre está, pero siempre te abandona.
Es ella, la que diferencia las clases, las razas y las zonas.

Y esto no lo digo yo, los hechos hablan por sí solos.
Diferencia entre el rico, el pudiente, con el pobre, el despojo.
Con una venda en los ojos el tacto del billete es lo único que te funciona.
Ya no eres ecuánime, porque el mecanismo de la balanza sigue roto.

¿ARTE O PRODUCTO?

Se infravaloró el arte al destacarse como producto.
Cualquier estigma comercial que exista.
Y este por encima de la pasión misma.
Hace que no disfrutes, aun siendo el número uno.

Y si hablamos de números, centenares y millones buscan estar
en tendencias.
Pero eso sí, perdiendo la propia esencia, aquella que caracteriza
al individuo.

Todo pasa demasiado rápido, todo se consume de forma
acelerada.
Eso es como pedirle al pintor que pinte el cuadro con rápidas
pinceladas.

¿Oferta y demanda? Pues no, este concepto no vale para todo.
Ya que expresarse no funciona con un método.
En la música no puedes ir más rápido que el propio metrónomo.
Por eso sé que cuando me convierta en producto, será el
momento en el que muera solo.

IA

La inteligencia artificial está a la orden del día
recibiendo órdenes desde un ordenador y unas manos frías
capaz de resolver tus problemas matemáticos, componer una
letra o describir alegorías.

Cada vez más ella nos sorprende,
máquina del futuro que del humano aprende,
observa qué te gusta, qué es lo que quieres,
cómo estás y cómo te sientes.

Se teoriza que nos sustituirá en muchos de los ámbitos,
en los sencillos razonamientos teóricos prácticos,
que piensa y que trabaja de un modo más rápido,
que no se cansa y se hace fuerte ante el humano escuálido.

Está pensada para que sea quien nos dirige,
cambian las tornas y es ella la que manda, la que nos dice,
perdimos la perspectiva ante el futuro
y olvidamos el presente de un modo triste.

Te sugerirá qué quieres tomar o cómo vistes,
te llevara a trabajar si es que ella te lo permite,
querrá controlar hasta lo más simple…

Encuentras el amor gracias a ella, en un *match* de Tinder
mientras filtra en una larga lista como la de Schindler,
pero no podrá tener la capacidad de crear arte de la nada,
arte trascendental que tiene el humano en su psique.

MENS SANA

Hoy hablo de un problema a nivel global,
la nueva pandemia que está oculta en la sociedad,
pánico, estrés, fobias y ansiedad
son los causantes de una mala salud mental.

Y es que vivimos de una forma tan acelerada
que creemos que estos problemas salen de la nada,
son traumas del pasado que afloran cuando menos lo esperabas,
como cuando nace una mala hierba de la tierra que hace años
que no regabas.

Lo primero es saber identificarlos
conocerlos y catalogarlos.
Llora si tienes que llorar, habla si tienes que hablarlo,
son estados alterados de tu mente y que, por consiguiente,
cuesta controlarlos.

No tengas miedo a expresar tu tristeza, porque esta no sea
vendible en redes sociales, no pongas filtros, ni uses falsas
sonrisas para ocultar tus males; llamamos redes sociales a un
concepto que no refleja la verdad detrás de la pantalla todo es
diferente solo por el qué dirán.

Deja todo eso a un lado, apóyate en quien ha estado en tu
camino y si te hablo de mi pasado, yo también ansiedad he
sufrido por querer vivir de la música y no ser un creador de
contenido.
Porque el arte ya no es comprendido, sólo funciona a través de
un algoritmo.

Te aconsejo que hagas deporte,
que te rodees de quien te quiera,
que nunca pierdas el norte,
que mires en tu brújula la dirección que te libera.
Que te dejes ayudar, que salgas afuera,
que no te pierdas la vida y su belleza primigenia.

APOROFOBIA

Existe algo más allá del racismo hacia el inmigrante,
aporofobia es el tema acuñado para definir el rechazo
hacia el pobre,
ya no importa de dónde eres, ni de dónde vienes
solo tu cuenta corriente, en qué trabajas y cuánto cobres.

No te tienden la mano si llegaste con patera,
pero en cambio usan sus manos para aplausos
si viajaste en primera,
y eso que venís del mismo país,
la diferencia es que el vive como quiere y tú solo quieres
sobrevivir.

¿No has notado cómo miran a esa persona por trabajar
recogiendo fresas? Pero si has visto al magnate cómo ha
llegado a su hotel de 5 estrellas y le recogen las maletas
una realidad que existe, que percibo y que me inquieta.

Hipocresía desmedida, para quien casi pierde la vida para
ganarse la vida.
Hipocresía desmedida, para quien tanto ensalzas
y se ríe de tu situación mientras solo mira su panza.

¿Sabías que la aporofobia existía?
¿O pensabas que simple y llanamente era racismo?
Recuerda lo que hoy hemos aprendido,
que no se elige donde uno nace, ni su clase,
así que antes de hablar, piensa y recuerda esta poesía.

ACEPTACIÓN SOCIAL

Te levantas y lo primero que haces es mirarte al espejo otro
dia más: "qué mal me veo" "estoy peor que ayer" "ya no me
parezco a ese influencer de instagram"
¿Qué más tengo que hacer?
Spam: dieta milagro para adelgazar.

Cadenas mentales que te atan por la aceptación social.
Por no ser quien tú eres, por ser quien ellos te digan.
Ya da igual si te quieres o no te quieres, tu misión hoy es
aparentar.

Nuestro mundo se canaliza por un canón de belleza implantado
por entrar en ese círculo donde consideras que para otras
personas tienes que ser su agrado o estás fuera o estás dentro, o
te aceptan o te dejan de lado.

Y claro no quieres no formar parte del rebaño
donde el pastor es la presión social
y el lobo tú mismo, quien más se hace daño.

La aceptación social no solo se basa en tu estado físico, también
se basa en estar a la moda y escuchar lo que todos escuchan
en vestir como todos visten,
en decir lo que todos dicen,
en definitiva en ser uno más o ser tú
y tú eres lo más valioso que tienes y eso nunca lo olvides.

ECONOMÍA INVERTIDA

Somos mercancía perteneciente a la estadística
monedas de cambio de un mundo clasista
tanto tienes, tanto vales
tu número de la suerte, es el número de tu visa.

Consumismo como forma de vida,
de crearte la necesidad de aquello que aún no necesitas,
si basas tu felicidad en objetos materiales
no habrá emoción que te sane, así que compra medicina.

Llega Navidad y la Navidad son regalos,
regalos para lo bueno, regalos para lo malo
da igual quien está a tu lado,
si lo has dejado de lado por nada haberle comprado.

Todos tenemos caprichos que anteponemos a nuestras
necesidades, si me gusta y no puedo comprarlo, lo financio
y ya me las apañaré, todos son plazos, los plazos de nuestra
alma por el interés, el interés de un banco llamado diablo.

¿Vivimos por encima de nuestras posibilidades?
¿O nos dan la posibilidad de vivir aunque tan caro se pague?
La respuesta ya la sabes:
tanto tienes, tanto vales
bienvenido al consumismo salvaje.

APRENDIENDO A DESAPRENDER

Estamos programados para memorizar, aprobar, olvidar y así
una y otra vez.
La educación ya no se basa en aprender,
en absorber todo lo necesario y que lo puedas comprender
para poder ponerlo en práctica en tu etapa de adultez.

Todos tenemos que tener nociones básicas, está claro, nociones
en operaciones matemáticas, escribir o leer, en conocer nuestra
historia, nuestra biologia, filosofia y cómo se ha formado
nuestro ser, pero no se entiende que se estudie lo que no se te
da bien y que lo que se te dé bien se deseche y no puedas desa-
rrollarte al cien por cien.

Deberíamos aprender a ser autónomos, no autómatas.
Deberíamos aprender de economía, política y todas sus formas.
Deberíamos desarrollar el arte y cómo plasmar en él nuestra
rabia. Deberíamos haber aprendido tantas cosas como la
educación emocional y educación nutricional, cosas que se
aprenden cuando salimos de clase y nos quitamos el *pause*.

Así que dale al *play* otra vez, nunca es tarde, no hay mayor
placer que ser autodidacta, encontrar una vocación que a ti
te plazca, la edad es solo un número y tu mente es plástica,
arranca el problema de raíz de una mente cuadrada.

CAPÍTULO 3

Sinti-miento

ENVIDIA MEDIÁTICA

La desdicha fue que fueras un personaje público.
Pues la mayoría de quien te ama, te envidia.
Creen y piensan que eres el elegido, el único.
Que no te lo has trabajado cada día de tu vida.

Y dicen quiero ser como él...
Quiero ser influencer o streamer.
Pero es curioso... Influencer sin crear influencias para personalmente crecer.
Sólo para ganar dinero y vivir bien.

Y es que se hace cualquier cosa por los números.
Por ser el uno y no un cero a la izquierda.
Malgastar cada segundo, en vivir de terceras personas.

Y luego, si no llegas.... La culpa es de los demás.
Porque te hatean y te envidian.
Cosa que tú también estás haciendo.
Todo se resume en la división de tus etapas.
En los dividendos que restan y cifras que ya no multiplicas.

EFÍMERO AMOR

Efímero amor.
Surgido del deslizamiento de un dedo o de pulsar un corazón.
Coincidís e iniciais una conversación.

¿Qué tal estás? ¿De dónde eres? ¿Buscas una relación?
¿Bien y tú? De Valencia, Puede ser… ¿Por qué no?… pero si
nos conocemos un poco más… mejor.

Como no obtenemos una respuesta inmediata, el nerviosismo
aparece y en el ambiente se palpa.
Pasamos y buscamos a otra persona a ver si hay más suerte.
Como esperando encontrar ese trébol de 4 hojas.
Si ya no sales, ni vives, ni te diviertes ¿cómo vas a conocer gente
solo desde tu sofá?

Las apps nos unen a través de los km y nos distancian a través
de los sentimientos.
Un trato frío y rápido que no te da para saber si has notado el
pálpito…

Si quieres estar con una persona y su ámbito.
Si realmente todo pareció mágico.
O es otro resultado trágico.
Tráfico de datos, que nos ata a estar enganchados a una
pantalla.

A poner nuestra mejor foto, para mostrar quién eres.
Sin valorar la inteligencia y las virtudes que tienes.
Cuando hablan de desamor dicen que hay muchos peces en
el mar.

Y puede ser verdad...
pero el problema es que todos están atrapados en las redes.

SABOR A SOLEDAD

Amargo sabor a soledad.
Un regusto que queda después de la verdad.
Con un toque de acidez que se caracteriza con peculiaridad.

Pueden brotar gotas saladas desde tu lagrimal.
Lágrimas que no puedes secar, que tal vez no menguan.
Pensamientos que no salen de tu cabeza.
Y no sabes ni por qué…

A veces son las frustraciones, después de un gran esfuerzo.
Pero el dulce fruto del sacrificio, también incluye soledad.
Horas de disciplina, horas de trabajo, horas en tu cuarto
estimulando la creatividad.

El ser humano necesita vivir en compañía, en comunidad.
Ya que siempre para crecer se quiere comparar.
Estoy bien si otro está mal, estoy mal si a tu nivel no puedo
llegar...
El hedonista aparta la soledad por temor al dolor.
Pero no puede evitar un final donde mueren solos.
solos… al sol… al son de la soledad.

RABIA DESMESURADA

Rabia cosechada por las frustraciones de la vida.
Cuando algo no te sale, cuando un sueño no se cumple se
reabre la herida.

Rabia contra los buenos días.
¿Quién eres tú? ¿Y por qué me miras?
¿Acaso estuviste en mis alegrías?
¿En mis peores momentos de pleitesía?

Miles de preguntas sin obtención de respuestas…
cosa que aumenta tu rabia, tu ira
y ésta es la que corre por tus venas
un espejo en el que te miras y en nada a ti te asemejas.

Sigues enfadado con el mundo
un mundo que tenías en tu mano y dejaste de controlar
por la rabia que te invade a cada segundo,
un rabia que te amarga, una conducta que contraria a tu
felicidad.

Buscas de dónde proviene,
buscas el momento en el que empezó.
Si tú antes no eras así con la gente
en tu lucidez descubres a tu peor versión.
Debes tomar el timón de la situación
que esa rabia te dé la fuerza, para ver renacer un nuevo yo,
que veas y valores que vale la pena,
porque las penas pasan de largo dejando una estela de
superación.

EN MEDIO DEL MIEDO

Miedo a lo desconocido, miedo a seguir, a reír, miedo a estar vivo; miedos y fobias que provienen de antiguos proverbios y pasadas historias a lo que pudo ser y no fue, a la ignorancia, al no saber por qué.

Miedo al poder que nos mueve con finos hilos y actúa con sigilo pero no se deja ver, miedo a lo sobrenatural, sea de este planeta o de otro plano astral.

Dudas precedidas de un quizás por la ausencia de lo visto o por falta de realidad. Traumas venideros de miedos que surgieron y no pudiste sanar, el miedo es desagradable pero es quien nos hace estar alerta; miedo al ocaso y su futura oscuridad, miedo a las nubes y la tormenta, miedo a la destrucción y la guerra.

El miedo es como la parálisis del sueño pero estando completamente despierto, es equivocarse aunque supieses que estabas en lo cierto, miedo es no encontrar un oasis en el desierto en medio del miedo te adentras en su desconcierto

Y nace ese temor, temor al ver el final y saber que un día mueres. Pero el miedo más triste es el miedo que tienes, de mostrar quién eres.

MALDITA CULPA

Yo que tantas veces me eché la culpa por consumir el fruto prohibido y exprimirlo hasta la pulpa, por pararme a pensar y considerar en todo el tiempo que he perdido siendo preso de una adicción donde el tiempo pasaba inadvertido.

La culpa me invadió, como si se tratase del más salvaje imperialismo. Ya no sabía ni quién era yo, no confiaba para nada en mí mismo, llevaba un modo de vida para nada sano, contaba con los dedos de las manos todos los años desechados vivía en un continuo espectáculo de ilusionismo donde nada era verdad, pero mi cabeza quería creerlo, donde ya no me sentía capaz de avanzar ni basarme en mis hechos, donde no tenía objetivos, ni quería alcanzar mi techo, más bien me sentaba en el sofá a ver la vida pasar, embobado mirando el techo.

Tampoco quise estudiar, me quitaste toda mi motivación, ni las canciones me iba a grabar, me lo gastaba todo contigo mientras iba de flor en flor, eres un continuo estado alterado de mi percepción, donde todo el mundo seguía adelante y yo seguía en sequía estancado en el estanque de la frustración.

Te echo la culpa y me echo la culpa,
debí mirarme más de una vez, de cerca, con lupa,
preocuparme por lo que de verdad me preocupa,
la vida no solo un instante, ni una constante mirada a la luna.

ANSIADA ALEGRÍA

Eres la contraparte de la anterior historia,
el momento que supe mirar hacia adelante,
encontrando las metas que anteriormente eran más que obvias,
ya no existe una moneda al aire,
porque soy yo quien elige el ahora,
rompí tus cadenas y el desencadenante
fue completarme de una forma satisfactoria.

Te encontré, después de mucho tiempo
después de tantos malos momentos.
Alegría, como el del movimiento de un molinillo
a merced del viento.
Alegría, como el reconocimiento del espejo
al ver mi reflejo sonriendo.

Y es que pasé de estar en un *mood* donde no sabia ni por qué
seguir vivo a ser cada día más productivo,
cumpliendo todos mis objetivos
intentando ser la mejor versión de mí mismo,
mi yo superlativo superando las barreras mentales
que marcaban las manos de aquel mimo.

Me mimo y me cuido y no le permito a la tristeza ni el más
mínimo descuido.
Alegría eres tú y lo soy yo por estar contigo.
Alegría son los detalles que recuerda el caminante
cuando hizo el camino.

Muestra tus dientes pero no para morder al prójimo
sino que sea por la mueca que deja entrever tus incisivos.

Sonríele a la vida sin saber qué será lo próximo
son sonrisas en tu cara por la alegría de seguir vivo.

GRATITUD

Doy las gracias por ser quien soy,
doy las gracias, por cómo actúo a día de hoy,
doy las gracias, mirando de dónde vengo y hacía dónde voy,
doy las gracias por volver a levantarme y ver el so.l

¿Y a quién se las doy? A mi familia, a mi hermano, a mis padres
a mis amigos, a mi novia y a mi hermano de otra sangre.

Unos padres trabajadores, que me inculcaron los verdaderos
valores. Como la humildad, el trabajo, el esfuerzo y el
aprendizaje de los errores. Gracias a vosotros Juan Miguel y
Loles.

Doy las gracias a mi hermano Cristian por las peleas y rabietas
que teniamos desde pequeños y por aquellos momentos de
confesiones. Son momentos que jamás olvidaré, que siempre
tendré. Eres mi hermano y lo serás siempre somos dos, pero
ahora uno, como el pc y el gamer.

Doy las gracias a una persona que ha estado a mi lado desde
hace diez años.
A ti, Irene, por siempre confiar en mí.
Por mis malas épocas que tuviste que sufrir, por ayudarme a
crecer y hacerme saber que se puede ser feliz, por subir juntos
la escalera de la vida con todos sus peldaños.

Doy las gracias a mi hermano de otra sangre, Barbé,
te conocí gracias a la música, cuando empezaste a grabarme
y desde ahí hemos hecho miles de proyectos juntos.

Has confiado en mí, has sabido ver algo que ni yo mismo podía
y no sabia ni porqué.

Doy las gracias a quien ha estado siempre a mi lado, mis
amigos, vosotros habéis creído en lo que hago.
Al amor sin interés que me habéis aportado
siendo este para mí el mejor regalo.

Y por último doy las gracias a quien siempre se rio de mí.
A quien me ha infravalorado,
me habéis dado la fuerza para seguir
para decidir ser quién soy y hacer lo que hago.

Gracias a todas y a todos si habéis llegado hasta aquí.
Significa que estáis disfrutando este libro como yo lo he hecho
al escribir, al poner cada tilde, al buscar cada información, a
pensar cómo mi visión os podía transmitir, a poner el punto
seguido a mi historia, a poner cada punto sobre la i.

VENDETTA

Dicen que la venganza es un plato que se sirve frío
pero no lo encontrarás en ningún restaurante
ni como primero, ni como segundo, ni como aperitivo.

¿Cuántas veces usaste esta reprimenda por los daños
recibidos?

La venganza muestra nuestro lado más visceral,
porque servir no sirve de nada,
pero siempre la llegamos a contemplar
pensamos en hacer daño a quien nos produce malestar
y a veces la indiferencia verdaderamente sirve de mucho más
pero hay otras veces que nada te para y acabas por estallar.

Esta vendetta se rige por una ira que me inquieta
por no poder controlar la razón ante la tormenta,
un pensamiento recurrente que me retroalimenta,
quiero gritarte, insultarte, decirte todo lo que quiera.

Y es que merecerte te lo mereces
por tus mentiras y tus estupideces,
porque me comiste la cabeza y devoraste mi mente,
pasé de ser una persona elocuente a un hombre triste e
irreverente.

¿Y qué será lo siguiente?
Déjalo, ni lo intentes,
me digo a mí mismo
porque la venganza no va a hacer que seas diferente
por mucho que intente hacerte daño,

tú el daño ni lo entiendes ni lo sientes.

Pasé amargado desde enero hasta diciembre
de un viernes a otro viernes
por este sentimiento que me mantuvo en ciernes
me convertí en tu mayor *hater*
hasta que vi que finalmente no vale la pena usar la venganza
como medio para adquirir lo que quieres.

ESPERANDO A LA ESPERANZA

Dicen que la esperanza es lo último que se pierde.
Por eso en la ruleta de mi vida aposté todo al verde,
te busco un día más por causa del azar y espero que llegues
esperanza circunstancial es el otro nombre que tú tienes.

¿De qué dependes?
Por más que te busco no te encuentro,
por más que te espero no llegas,
si apareces mi futuro estará resuelto,
serás el alivio a todos mis problemas.

Encuentro en la balanza la desdicha
y la esperanza donde la vida se equilibra
de una forma tan ansiada
no puedo depender solo de ti,
tengo que seguir con mi trabajo
sigo vigilante ya nunca me relajo,
por si renaces desde abajo
como Limniades, mi hada.

Esperanza tengo por un mundo mejor,
por que le vaya bien
a quien se lo merezca por su noble corazón
por el humano y en seguir su evolución
esperanza por ti,
para que encuentres tu mejor versión.

Y por último tengo la esperanza
de que este libro te emocione
de que te haga reanimar antiguas sensaciones

de que rías a carcajadas
y también estés triste e incluso llores
hoy tengo la esperanza
de que seas uno de mis lectores.

CAPÍTULO 4

Etapas vitales

VITA

La vida es eso que sucede mientras la intentas planear.
Son detalles, momentos e instantes difíciles de olvidar.
Son las calles, monumentos, plazuelas por donde soliste andar.

Donde te detuviste por un segundo y viste el mundo,
de otro color, de otra forma, con otro olor.
Donde estás triste y sonríes por temor.
Y donde estás contento y se entristece tu alrededor.

Ese baremo interior es el que nos rige
y dirige nuestra personalidad.
Vida solo tienes una y personalidad también.
No seas lo que otros intentan ser.
No veas lo que otros te dejan ver.

Espejo formado por charcos de lluvia.
Donde tu reflejo cae de arriba abajo y te deslumbra.
Vislumbra el futuro con la idea del presente
y el aprendizaje del pasado.
Donde todo lo duro se quede en una ironía del destino
de lo que es y no de lo que no se pudo.

DORADO AMANECER

Tras cristales dorados
por el reflejo de una estrella
me predispongo a sentarme en la mesa
con una buena taza de café de olor y sabor amargo.

Remuevo la cuchara.
Mientras despejo mi mente,
mientras me apoyo en el respaldo,
activo y reinicio mi flujo subcutáneo.

Para emprender un nuevo día.
Lleno de tareas, faena, responsabilidades infinitas que se vuelven ínfimas al ver la alegría, la sonrisa oculta tras la mascarilla de cada transeúnte
Que hacen que me responda y me pregunte.
Qué diferencia real existe entre un viernes y un lunes.

PRIMERA INFANCIA

Naciste y escuchaste el tono de mi voz,
sentiste nuestro primer contacto piel con piel,
te calmaste al escuchar el latido de mi corazón
mientras tus diminutas manos me acarician por primera vez.

Miradas cómplices entre la madre y ese nuevo ser,
donde nos inunda el miedo y la felicidad a partes iguales,
donde día a día no paras de crecer,
y compartimos todo, somos dos mitades.

Llegó el día que te soltaste de mi mano y diste tus primeros
pasos en el camino de la vida, aunque fuesen tres o cuatro y
posteriormente vino la caída, ésta será la primera de muchas,
en una lucha continua donde te intentas mantener en pie con
la fuerza de la hormiga.

Tus primeras palabras dejaron mudo al resto
un comienzo tan bonito que cuesta hasta creerlo
y estas suelen ser papá o mamá
aunque tú aún no lo sabes pero son quienes más te amaran.

Estás descubriendo todo un entorno, todo un mundo
donde para ti sea algo eterno un solo segundo
donde estás marcando tu primer rumbo.

Y tu sonrisa puede marcar la diferencia
entre un buen o un mal día
todas las penas al verte se me quitan
al sentarme contigo y darte la comida.

Sigues desarrollando tu área cognitiva,
con los juguetes y los juegos
con los sonidos y la música,
como estímulos de tu cerebro
sé que para ti todo esto es nuevo
y para mí también
pero seguiremos unidos con la solidez
y la calidez de un te quiero.

NIÑEZ

Sigues creciendo a pasos agigantados
ya te vistes solo y hasta has aprendido a atarte los zapatos.
Has crecido tanto pero sigues siendo mi pequeño
y por dejarte en el colegio, me has mirado y has llorado.
No quieres quedarte solo en un entorno
que no tienes controlado.

Pero al poco rato lo olvidas
y empiezas a tener nuevas sensaciones,
exploras tu clase, el patio y los alrededores,
un sitio donde el constante aprendizaje pone en alza tus valores.

Cuando voy a recogerte, qué paradójico que no quieras irte
de tus nuevos compañeros, ya no quieres separarte
de tus nuevos compañeros, no quieres despedirte
hasta que te explico
que los vas a volver a ver en un rato jugando en el parque.

Más adelante empiezas a leer, a escribir
y a decir todo lo que piensas,
a vivir con las matemáticas y la ciencia
a crecer, a desarrollarse pero conservando la inocencia
vivirás tus primeros enfados,
tus primeras malas y buenas experiencias.

Pero aun así los niños no discriminan,
los niños tratan a todos de una forma igualitaria
qué lástima que llega una edad en la que esto termina
el niño deja de ser niño y al final todo cambia.

ADOLESCENCIA

Etapa de constantes cambios
de mente y de cuerpo donde te aguardan nuevos desafíos
donde nacen nuevos amoríos
donde te ves diferente y sientes los agravios.

Te empiezas a diferenciar del resto
por la música que escuchas o por cómo vistes
por cambiar las amistades y no conservar las que tuviste
montaña rusa de emociones donde un día estás exultante
y al otro muy triste.

Esto es a causa de tus hormonas revolucionadas
de tus pensamientos y tus ideas renovadas
de creer que el mundo por una tontería acaba
por no poder llegar a donde tú esperabas

Pero espera porque todo cambia y si sigues en el buen camino
verás lo que el destino te aguarda.
No te vayas con las malas compañías,
estudia y mantén tu mente sana.
deja fuera las drogas, las borracheras y los días de resaca.

También es una nueva etapa donde descubres tu sexualidad
es decir la tuya propia y la que sientes hacia los demás.
Sé quién eres y no por lo que otros dirán,
que te guste cualquiera de los dos sexos es más que normal.

Y ahora te estás forjando con lo que quieres estudiar,
acabar el instituto y vislumbrar tu futuro laboral,
la adolescencia es un cóctel de muchos cambios,

pero lo que no debes de cambiar
es conservar una buena mentalidad.

JUVENTUD

Ya has decidido qué quieres estudiar, si pasar por bachiller
o ir a la universidad o realizar directamente una formación
profesional aunque también existe la opción de no coger
ninguna de estas dos y ponerte a trabajar.

Cualquiera de las opciones será lícita, mientras a ti te haga
feliz quítate de en medio de las malas críticas y arráncalas de
raíz, es ahora cuando tu personalidad se empieza a definir, las
decisiones son tuyas y eres tú al que le toca decidir.

Descubres y te empapas de conceptos artísticos,
se empieza a forjar tu libertad y pensamiento crítico,
si quieres ir por el lado más filosófico o el lado político,
si se alza tu parte más terrenal o tu estado más místico,
o en muchas a la vez también puedes sentirte implícito,
exprime tu cabeza para conseguir lo que quieres
como el más ácido de los cítricos.

También por supuesto puedes salir y divertirte,
por eso que algunos excesos puedes permitirte,
vas a experimentar con muchas cosas, así de simple,
pero recuerda dónde estás antes de irte.

Aún no dispones de una completa madurez emocional,
ni una completa madurez de raciocinio,
ya puedes ver algunas de las huellas que dejaste al andar,
tú eliges si coger el atajo o seguir por el difícil camino.

ADULTEZ

Se supone que en esta etapa tu vida debería estar más que
encauzada.
Ya has alcanzado tu madurez emocional y mental
y en cada conversación has aprendido las palabras adecuadas
para ser consecuente con lo que de verdad puedas pensar.

Pero el mundo adulto está lleno de mentiras
de dobles caras, de caretas sujetadas por una gomita
que se ponen y se quitan, se quitan y se ponen
en función de la función que se representa en la vida.

No eres nadie si no tienes coche, trabajo ni familia.
¿Y esto quién lo dictamina?
Estamos sometidos a una presión social que nos domina
y el miedo a no llegar a ser lo esperado es el que nos intimida.

Un lavado mental realizado por un mundo clasista
donde el político te miente y la verdad te la dice el artista
y hoy en mi estudio escribo hasta cruzar las aristas
del mundo como lo veo yo, al que veo por la calle
y cómo cambia el punto de vista.

Oculista de la sociedad que mira a través de los cristales.
Porque ya no se atreve ni a salir a la calle.
Porque ser adulto te da muchas oportunidades
pero esta es mi oportunidad de al adulto
contarle todas las verdades.

VEJEZ

Retroversión a la infancia en muchos de los aspectos
y no hablo de tu aspecto al verte en el espejo
sino en el espejo que ha sido tu vida
tus idas y venidas, tus bienvenidas y tu despedida,
tu mirada cautiva hacia un despejado cielo.

Volvemos a ser niños
al necesitar más que nunca la atención y el cariño
donde te puedes encontrar solo,
porque te has despedido de todos tus amigos,
de tus hermanos, tus padres y demás seres queridos.

La vejez la ves cuando pones en valor toda la experiencia
que has adquirido, todos los kilómetros que has recorrido
donde no recuerdas el día anterior que has comido pero sí
cuándo empezaste a salir del nido.

Si tuviste suerte y sigues fuerte
porque ninguna enfermedad te ha sumido en el olvido
porque sigues físicamente, pero mentalmente
casi que te has ido
pero no te des por vencido, no lo des todo por perdido.

Viejo por fuera, pero con alma de niño,
donde quieres aprender todo lo desaprendido,
donde quieres volver a creer en lo que antes habías creído,
donde ya no miras el reloj ni el tiempo acontecido,
donde valoras a quien está a tu lado como un regalo
y damos las gracias por un día más seguir vivo.

NOCHE DE PLATA

Tras cristales color plata con las cortinas por recorrer
se entrevé el satélite que orbita mi existencia.
Con ella coexisto sentando en la mesa al igual que esta mañana,
pero cambié el café por hojas de té, hojas de papel y melodías
que bailan por el pentagrama.

Encorvado sobre mis escritos me hallo.
Igual que un entrañable abuelito que ha dejado tantas huellas
en el camino....
Y que ha llevado tanto peso en su espalda que no puede seguir
erguido y que ha seguido pese a los fallos.

Una poesía es como la vida, le pones esfuerzo y dedicación,
aunque no sabes si todo va salir bien, no sabes si está completa,
no te quedas satisfecho hasta que se termina y al repasarla
notas cómo se te eriza la piel.

TÁNATO

La certeza de la vida reside en la muerte.
Esta será la única verdad, la última de tus suertes…
Te sientas débil o fuerte, te sientas arraigado a todo o de que
todo te desprendes.
De cada error se aprende, así que como un sabio di tus últimas
palabras de un consejo que se pierde.

Proceso natural en la vida de todo humano,
lo sé, de verdad, lo sé de primera mano,
la conexión con la muerte es tan fuerte
que por eso decidí hacerme funerario.

Te he visto a diario, te he tratado como lo que eres,
y por eso hoy me dirijo a todos ustedes,
haz lo que quieras, vive,
disfruta porque posteriormente ya no puedes.
Sé generoso, sé bueno con los otros,
porque es seguro que eso es lo único que te lleves.

No sabemos qué hay más allá
si el cielo, el infierno o te vas a reencarnar,
cree en lo que quieras y realiza tu ritual,
cree en ti y en tu vida porque te aseguro que se va a terminar.

Hablo de ti con pasmosa normalidad
aunque a tu alrededor haya gritos,
llantos y vea al ser más visceral,
hablo de ti y de tu final
sonríele a la vida,
porque ella no deja de sonreírnos jamás.

CAPÍTULO 5

Arte

RÁFAGA FOTOGRÁFICA

Observando un negativo, espero el color de mi vida.
Me revelo a través de cada palabra, cada imagen, día tras día.
Durante horas estoy a oscuras en mi habitación y solo una tenue luz roja me ilumina.
Mi objetivo es y será mostrarte todo de una forma más clara, más concisa.

Y hoy...
Sigo enfocado en un plano general,
pero cuando estoy solo caigo en picado
como un ave que no puede volar.

Yendo hacia el suelo en esta travesía comparada con un antiguo carrete, ya que hasta que no terminas y lo descubres no sabes cómo se verá.

AMADA MÍA

Notas dibujadas en un pentagrama.
Que, en función de los acordes y la escala,
pueden transmitir alegría o drama, felicidad e incluso rabia.
Lo que está claro, que en ambos casos nos acompaña,
como al escudo la espada, como a la muerte su guadaña.

Pon una banda sonora en tu vida, para seguir adelante,
con paso firme y constante o para pararte y analizarte y al
escucharla notas cómo se reabren las heridas.
Decidas lo que decidas en tu oído permanecerá una sinfonía
que nunca serás capaz de olvidar
llamo a esto memoria auditiva.

Recuerda a los grandes clásicos como: Vivaldi, Bach, Mozart
o Beethoven.
O da las gracias a quien transforma imágenes en música como
los maestros: John Williams o Ennio Morricone.

Abre la mente deja que los estilos se transformen, que
evolucionen y se amolden en función de las nuevas generaciones.

Interacciones entre la corchea y la negra, entre la fusa y la
blanca. Interacciones donde la clave de Fa y la de Sol forman
un corazón cuando se aman.

La música da sentido a la vida, ya que la vida sin esta no es
nada.
¿Imaginas la vida sin agua? Pues la música es quien mantiene
la mente regada, y hace florecer las ideas donde antes… todo
se secaba.

SOCIEDAD TEATRAL

Esta historia está representada como obra de teatro donde el telón es quien manda, quien marca, el inicio o el fin del acto.

Pues sí, es así, nosotros seremos su elenco, donde da igual la experiencia o el talento, ya que nuestra representación es visceral, emocional, es decir, es puro sentimiento.

Somos nómadas del espectáculo sin necesidad alguna del uso de diálogos. Donde mente y corazón son nuestros dos catálogos, en los cuales decimos cómo somos y cómo nos mostramos.

Y hoy ni yo estoy arriba ni tú estás abajo
porque la vida es como un escenario y la platea,
desde donde se contempla lo que pudo ser y no fue,
el por y el porqué de nuestro trabajo diario.
Entre medias el foso las separa,
como si de dos realidades se tratara. Y en parte así es…
Vive como quieras, haz lo que prefieras, lucha y arrepiéntete.

¿Te doy un humilde consejo?
Nunca esperes un aplauso de los demás,
ya que los aplausos no se piden, se ganan.
Que la realización personal no dependa de unas agitadas palmas ni del más burdo silencio

Recuerda que el sabio no sería sabio si jamás hubiese sido un necio.

Pues él aprendió a sacar la parte real de la ficción, al cerrarse el telón, y esa opción fue su mayor privilegio.

TRAZOS INCONEXOS

Cuando una hoja en blanco se transforma en mi lienzo vislumbro el comienzo.

Un paisaje mental donde doy los primeros trazos, donde el pincel y el tapiz entran en contacto, ahí empieza el cuándo.

Curiosamente es una misma sensación que tengo con el encuentro del folio y el lápiz, cuando se unen y forman un nuevo vocablo.

Abro mi epidermis, con la pureza que esto me transmite, como Rembrandt y su autorretrato contemplando los relojes blandos de Dalí, de nuevo buscando la hora, en la mano de Da Vinci y su Gioconda, trazos tan finos que casi no se pueden percibir.

Me es indiferente la técnica empleada mientras encuentres tu forma, me es indiferente si es óleo, témpera o pastel. Si todo lo que plasmes sale de ti y lo haces siempre a flor de piel.

Para mí… la pintura y la escritura comparten ese aquel, ese aquel donde transformas la nada en lo que tú quieres hacer, en lo que tú quieres creer.

Creer y crear van juntos de la mano, como el mar y la tempestad ahogan la mente de un náufrago.

Un náufrago que necesita ver y gritar "tierra a la vista" mientras deambula por el océano de colores, de texturas, de locura y de cordura que reman entre ellas en la cabeza de un artista.

DANZAD

Movimientos corporales que expresan emociones.
Brazos de arriba a abajo forman la sonrisa o el enfado
dependiendo de las situaciones.
Son contoneos con el aire, para liberar mágicas sensaciones.
Serotonina en nuestro cuerpo que activa todas las conexiones.

Nadando en el escenario de un modo clásico como en el lago
de los cisnes.
Y mientras los árboles se visten después de la consagración de
la primavera.
Me hallo en un sueño de una noche de verano que espera al
otoño para que termine.

Al llegar a este punto mi cuerpo y mi mente se estremecen
dando espasmos como si se tratase de popping. Me siento...
como el contacto del papel y el boli. Por el cual me expreso y
salgo ileso de quedarme inmóvil. Conservando mi esplendor
como la danza de Nuo Shaowu, viviente fósil.

Me siento vivo y cada vez más alegre.
El amargor de mi tez se fue al bailar un dulce merengue.
Me da igual que me observen, perdí el pánico escénico y ahora
mi hábito es que me contemplen, que disfruten y que sientan
lo que se siente.

Mágica atmósfera se queda en el ambiente.
Como papilas gustativas al probar deliciosa salsa.
Pasos que se alternan de izquierda a derecha y que para ella
se invierten.
Repetidamente verás cómo las caderas danzan.

Conclusión final.
El baile es como la humildad,
pues siempre hay que tener los pies en el suelo.
Y si alzas el vuelo como en el breakdance
Verás cómo el mundo no para de girar.

CINCELANDO AL HUMANO

El hombre creó al hombre a su imagen y semejanza.
Eludiendo el carácter la rabia y la templanza.
Pero no puso a sus dos mitades en la balanza.

Pues plasmó solamente su físico.
Sólo se quedó en eso... no buscó a su ser onírico.
Mármoles cincelados con fuerza, creatividad y sacrificio.
Observando cada detalle y puliendo cada resquicio.

Una escultura debe estar impoluta ya que es la representación
de un héroe o incluso una deidad.
Arrodillados frente a ellas los simples mortales que piden
clemencia incluso piedad.
La piedad de Miguel Ángel en su rostro queda reflejada.
Y se transforman en prisioneros y esclavos de su propia
verdad.

Gritan y claman al cielo porque no se pueden engañar.
Deben de tener el alma maldita, como representó Bernini.
Es un camino arduo en el que no se ve el final.
Es decir un camino difícil llamado crisis existencial.

Es por eso que "el hombre camina entre el ser y la nada"
como dijo Giacometti.
Y si te paras a pensar como Aguste Rodin... la humanidad
jamás se podrá representar.
Ni con mármol, ni con arcilla ni con ningún otro material.
Somos carne y hueso, somos la parte visceral, somos los ojos
que brillan al mirar.

EL SÉPTIMO ARTE

Eres una constante superación de la realidad,
independientemente de los muchos de tus géneros
tienes miles de historias que contar,
para enamorar o aterrorizar
para entretener o hacer pensar.
tu arte va más allá de las cifras y los números.

Eres el «Origen» de los sueños como mostró Christopher
Nolan. Los negocios y la familia como «El Padrino» de
Francis Ford Coppola. Eres el cuchillo de Quentin Tarantino
provocando las marcas de los nazis en «Malditos Bastardos».
Eres la oscuridad y la introversión en los personajes de Tim
Burton. Eres todo esto y mucho más, eres Charles Chaplin que
sin el uso de la palabra lo intentaron censurar.

Creas nuevos universos donde la fuerza te acompaña como en
«Star wars» o donde huyes sin mirar atrás como en «Jurassic
Park». Eres Roman Polanski y «El pianista» que pudo volver
a tocar.

Exprimes mi cerebro como una «Naranja mecánica». Hasta
volverme loco como el Joker a Heath Ledger. También me
sorprendes como el final de «Seven» me paré, pensé y una voz
me dijo: «Abre los ojos» como Alejandro Amenábar para ver
de dónde vengo ya que un día me fuí corriendo como «Forrest
Gump» pero como Almodovar decidí «Volver».

Son historias que nos atrapan dentro de una sala. Que como
en el «Diario de Noah» una y otra vez puedes recordar son
historias que nos hacen empatizar con los personajes de la

pantalla con colores y efectos especiales que a otros mundos nos trasladan, películas que tocan el corazón y la razón se pierde «Hasta el infinito y más allá».

LITERATURA

Extrajeron de ti miles de historias y narraciones.

Gracias a poetas, dramaturgos, novelistas, letristas, guionistas e historiadores.

Todos ellos de la mano dejando huella como escritores acompañados de la soledad, la locura, la inteligencia y todas sus motivaciones.

Me transmitiste el más profundo horror con los cuentos de Edgar Allan Poe. Tengo miedo a los molinos y gigantes de «Don quijote» y Miguel de Cervantes.

Pero estoy en un mundo donde investigo gracias a Agatha Christie y Hércules Poirot, muchas de las paradojas «Del amor y otros demonios» de Gabriel García Márquez.

Quiero y busco «Un mundo feliz» como me contó Aldous Huxley, nótese la ironía, miro al pasado, un pasado como de «1984» donde George Orwell describió una presente distopía.

Estamos en una sociedad cambiante donde nos adaptamos con la «Metamorfosis» de Franz Kafka donde a veces todo sale bien y a veces amas a quien no puedes como Dostoievski en las «Noches blancas».

Te sostengo entre mis manos, amado libro,
donde inspiro el aire y tu maravilloso olor a nuevo.
Eres tú quien me calma, me hace aprender
e inclusive me transmites peligro.

El enfermo lector necesita tu alimento como si se tratase de un suero y yo... hoy vivo porque escribo, hoy vivo porque leo.

TU ESBOZO

Dibujo en el espejo del baño un corazón para ti,
pintura rupestre de nuestros sentimientos más lejanos,
lo dibujé porque no sabía cómo te lo iba a decir,
un corazón que renace con nuestro calor y el vaho.

Realizaba un boceto con lo más completo de tu mirada,
un te quiero delineado a mano alzada,
donde aportaste la luz donde antes sombreaba,
líneas tan finas que se dibujan al borrarlas.

No somos tan perfectos como para representarnos
con dibujo técnico,
ni para hacerlo con la más precisa geometría,
somos el papel y el grafito, necesarios instrumentos
y damos rienda suelta a nuestra creatividad
dibujando nuestra propia vida.

Te abracé con los brazos del hombre de Vitruvio,
pero no noté tu cuerpo y tuve que intuirlo.
¿Dónde estás? ¿Desapareciste?
Me vi triste en el momento en que me di cuenta
que en mi cabeza solo estuviste.

Nunca exististe, es por eso que te dibujé,
te dibujé en un trozo de papel que tomé prestado
de mi servilleta del café,
me vi pensando e imaginando de donde proviene tu belleza,
como los trazos que se unían lentamente
en el margen de aquella servilleta.

Y de repente mire arriba y allí estabas, mirándome con tu suma delicadeza, pues el final no es como acaba sino cómo empieza.

MARCA ETERNA

Abriste heridas en varias capas de mi piel
para dejar tu huella de forma más que permanente
aguja y tinta se complementan de una forma tan fiel
que plasman el diseño de mis pensamientos más potentes.

Existes desde un tiempo inmemorable,
desde hace miles de años
ya que muchas culturas pasadas has representado
dejando en su epidermis el arte.

También has sido usada para malos propósitos,
como marcar a los inocentes en campos de concentración,
has vivido en estos lugares tan inhóspitos
usada para ejercer una simple numeración.

Pero hoy hablo de tu forma más pura,
cuadros vivientes en las pieles de quienes permiten "tu tortura",
siendo la visión de la sociedad que al mirarte murmura
ya que representas el amor, el odio, la simpleza,
la dificultad y la locura.

El tatuaje es el lenguaje que no necesita palabras,
la ambigüedad, la duda que expresa nuestra alma,
la sorpresa de quien te observa y enmudece su cara,
la unión de una representación que tanto amas.

Eres placer y dolor
eres blanco y negro, eres color
donde el corazón se muestra al exterior
eres todo, eres nada, eres una constante composición.

CAPÍTULO 6

Antrozoología

PECES

Te veo pero no sé si nadas a contracorriente o a favor de ella.
Eres una imagen que no puedo describir con palabras.
Eres el principio de un proceso que en mí ha dejado huella.
El pensamiento de aquella chica que en su interior algo anhelaba.

Inefable, una sensación que me dejó sin habla.
Un inmersión en mi mundo donde me he sentido como pez en el agua.
Inefable es la magia de esa mirada
que calma mi bestia interior y que a las fieras apaciguaba.

Carassius auratus es tu nombre.
Viviendo en un mar de dudas es donde te encontré.
Aportaste tu color naranja en mi mundo lúgubre.
Dándome la luz que me guía como un faro en el anochecer.

Me llevas por un mundo submarino de conceptos y emociones.
Donde hablo de la vida y de la muerte.
Donde hablo de la sociedad y sus contradicciones.
Donde hablo de lo que significa para mí el arte.

Eres el principio de todo y el fin de nada.
Eres el prólogo de una historia a través de mi mirada.
Eres el epílogo de un libro que jamás acaba.

GATO

En este libro hablo de conceptos tan abstractos
como muchos de los comportamientos del gato,
conceptos que para mí son tan importantes
como para los egipcios estos animales sagrados.

Gato negro, en la oscura nocturnidad
camuflado como las ideas que expongo para los demás
gato negro, presagio de un prejuicio extendido en la sociedad
como oscuros pensamientos que te aportan claridad.

Tengo la habilidad de trepar, de subir por dentro de tu mente
de caer de pie y llevarte por el camino de mi subconsciente
pues vidas dicen que tengo siete y, aunque no sea verdad, lo
tendrás grabado de forma permanente.

Te orientaré por este viaje desconocido a través de mis bigotes
saltando de tejado en tejado, en la travesía del día hasta la
noche mostrándote la sabiduría y perspicacia como algunos de
mis dotes aunque hoy me acurruco a tu lado y te ronroneo para
que mi amor por ti notes.

BÚHO

Elegí el búho como representación de la sabiduría
para hablaros de cómo describo la sociedad,
para aportaros una visión mía.
Estuve reflexionando sobre ésta, en la oscura noche
y como él con los ojos bien abiertos
para ver todo lo que acontece.

Es su mirada la que plasma el mundo visible y el que pasa
inadvertido, el que escucha lo inaudible en un silencio
imperativo donde me miras y te miro, con mis ojos amarillos.

Ululando hacia la luna más llena
posado en una rama donde mis garras se aferran
donde le puse precio a mi presa
reflejo de la sociedad que te pisa y deja huella.

Mi cabeza rota para ver todo mi alrededor,
para contarte lo que otros no,
para desprender mi plumaje
al tomar el vuelo en la noche del horror.

CUERVO

El cuervo representa la oscuridad de algunos sentimientos
y la claridad de otros, como su contraste con el azul del cielo
los momentos que caiste y luego pudiste alzar el vuelo
ave rapaz que se complementa con el viento.

Eres la reflexión y la memoria,
lo que sientes, lo que piensas y recuerdas a través de tu historia
para mí, eres el sentimiento más puro tu oscuro plumaje
representa hasta los miedos y las fobias.

Admiro tu inteligencia desmedida,
fuiste el símbolo del misterio de la vida,
como son un misterio nuestras propias emociones
desde la culpa a la esperanza, desde la alegría hasta la ira.

Tienes algo especial, por eso te llevo en mi brazo,
me recuerdas dónde estoy y hacia dónde puedo llegar,
símbolo de determinación y audacia, así asumí tu legado,
me complací con lo bueno, y aprendí de todo lo malo,
oscura ave que no temes a la muerte
y conviertes la carroña en un manjar.

SERPIENTE

Eres la transformación a través de nuestras etapas vitales, tu cuerpo enroscado a una rama simboliza cómo nos aferramos por no irnos, mudas tu piel a medida que creces, eres la metáfora de las obviedades, desde que nacemos y reptamos hasta que nos consumimos al morirnos.

Eres una boa, asfixiando nuestro crecimiento por no querer dejar nada atrás.

Eres una cobra, cuando nos mantienes alerta y te levantas para decirnos que algo va a pasar.

Eres una pitón, cuando ensalzas nuestro poder mental y a dónde podemos llegar.

Eres una cascabel, representando el sonido, el último sonido de nuestros días.

Una serpiente que se estira, midiendo toda tu vida. Para contarte tus logros y caídas, cuando saca su lengua bífida, ella quiere alimentarse, de tus experiencias desencajándose su mandíbula, siendo constante como las acciones que realizamos a sangre fría.

Vivimos con su flexibilidad para adaptarnos a todo lo que venga, con nula audición cuando no queremos escuchar lo que nos inquieta, somos depredadores de problemas en la salvaje selva, aunque nos envenenamos y fallecemos cuando somos la mamba negra.

SIMIO

Me miré en el espejo y entendí que soy tu evolución
desarrollé el arte y esa fue la mejor revolución
aún conservo tu instinto animal
tu fuerza y tu agilidad
la verdad, seguimos estando en una constante conexión.

Somos tan parecidos y a la vez estamos tan distantes,
somos tan diferentes per a la vez tan iguales,
de ti provengo y llegué a ser el homo sapiens
y aun sabiéndolo sigo siendo un primate.

Eres un reflejo de nosotros mismos como lo es el arte
la diversión y nuestra propia involución
de una forma tan inquietante
Eres nuestra semejanza, nuestra misma imagen
pues eres parte de nuestras raíces
pero aún vives en los árboles.

Sin ti no existiría,
es lo mismo que le dice la obra a su artista
la creación y tú y yo son formas que se equidistan,
parecidos razonables aunque nuestra razón es la que dista.

CAMALEÓN

Te elegí a ti como el último animal de este libro
porque tienes la capacidad de camuflarse ante todo
como mi capacidad para adaptarme durante este recorrido,
un recorrido donde he tocado el cielo y he nadado en el lodo.

Tus cambios de color son mis cambios de humor,
aquellos que dependen de una u otra situación.
Eres tú, camaleón, la última representación,
solitario ser que se resguarda tras una emoción.

Lengua rápida para poder hablar de todo lo que me atañe,
ojos independientes, para poder observar las distintas señales,
me encuentro posado en tu mano, intentando deslizarme
donde aguardo pensando en cómo llevarte por este viaje.

Es aquí donde encontramos el desenlace
y te doy un consejo como mensaje:
adáptate a la vida, una vida que es cambiante
y recuerda que nunca es tarde…
sonríe por todo lo que aquel día lloraste.

EPÍLOGO

Llegamos al final de este intenso y necesario recorrido, al colofón de este viaje.

¿He conseguido explicar y describir todo lo que contiene este libro sin necesidad de palabras?

Si no lo he conseguido, almenos lo he intentado con todas mis fuerzas.

Inefable ha sido para mí la experiencia más pura que he tenido, donde me he desnudado y he contado a través de mis ojos lo que pienso, veo y siento. Ha sido un proceso de introspección, donde me he conocido aún mas de lo que ya lo hacía, ya que vivimos en un constante aprendizaje y conocimiento de uno mismo.

Espero que para ti también lo haya sido, que hayas aprendido nuevos conceptos que desconocías y que hayas aprendido a ver de otra forma muchos de los temas y sentimientos que he tocado.

Pero sobre todo espero que lo hayas disfrutado, que hayas reído, que hayas llorado, que hayas reflexionado en todo lo vivido.

Al principio del libro dije que la vida es Inefable y así lo sigo creyendo yo.

Inefable es el libro que se escribe sin palabras.

Y ahora te pregunto: ¿Para ti qué es inefable?

Kevin Ibáñez Pasarrius. Benifaió (Valencia) 1993.

Rapero, compositor y escritor de prosa poética.

Empezó a escribir y componer sus primeras canciones de rap y poesía a la edad de 15 años. Desde ese momento ya nunca se desvinculó de este arte ya que para él la escritura es una forma de expresión, una herramienta que utiliza a diario y que lleva media vida con él.

Actualmente forma parte como artista y compositor de @cultucreaproducciones, donde se realizan talleres de rap para niños y jóvenes, en los que tratan temáticas sociales como la igualdad, la violencia de género, la salud mental, etc.

@oficialkhbo

TODOS LOS DERECHOS RESERVADOS.

NO SE PERMITE LA REPRODUCCIÓN TOTAL O PARCIAL DE ESTE LIBRO, NI SU INCOR-
PORACIÓN A UN SISTEMA INFORMÁTICO, NI SU TRANSMISIÓN EN CUALQUIER
FORMA O POR CUALQUIER MEDIO SEA ESTE ELECTRÓNICO, MECÁNICO, POR
FOTOCOPIA, POR GRABACIÓN U OTROS MÉTODOS SIN EL PERMISO PREVIO Y POR
ESCRITO DEL EDITOR.